# GOOD DAYS S

# GRATITUDE

THIS JOURNAL BELONGS TO:

_____

I AM GRATEFUL FOR:                    DATE:

1._____

2._____

3._____

I AM GRATEFUL FOR:                    DATE:

1._____

2._____

3._____

Describe your happiest childhood memory?

_____

_____

_____

_____

_____

I AM GRATEFUL FOR:                    DATE:

1. _____

2._____

3._____

I AM GRATEFUL FOR:                    DATE:

1._____

2._____

3._____

I AM GRATEFUL FOR:                    DATE:


1. _____

2._____

3._____

What is a popular song that you enjoy (and why do you like it)?


_____

_____

_____

_____

_____

_____

_____

I AM GRATEFUL FOR:                    DATE:

1._____

2._____

3._____

I AM GRATEFUL FOR:                    DATE:

1._____

2._____

3._____

I AM GRATEFUL FOR:                    DATE:


1._____

2._____

3._____

What is one of your favorite songs from your childhood?


_____
_____
_____
_____
_____
_____
_____

I AM GRATEFUL FOR:                    DATE:

1._____

2._____

3._____

I AM GRATEFUL FOR:                    DATE:

1._____

2._____

3._____

I AM GRATEFUL FOR:                    DATE:


1._____

2._____

3._____

Who is the one friend you can always rely on?


_____

_____

_____

_____

_____

_____

_____

I AM GRATEFUL FOR:                    DATE:

1._____

2._____

3._____

I AM GRATEFUL FOR:                    DATE:

1._____

2._____

3._____

I AM GRATEFUL FOR:                    DATE:


1._____

2._____

3._____

What is the biggest accomplishment in your personal life?


_____

_____

_____

_____

_____

_____

_____

I AM GRATEFUL FOR:                    DATE:

1._____

2._____

3._____

I AM GRATEFUL FOR:                    DATE:

1._____

2._____

3._____

I AM GRATEFUL FOR:                    DATE:


1._____

2._____

3._____

What is the biggest accomplishment in your personal life?



_____

_____

_____

_____

_____

_____

_____

I AM GRATEFUL FOR:                    DATE:

1._____

2._____

3._____

I AM GRATEFUL FOR:                    DATE:

1._____

2._____

3._____

I AM GRATEFUL FOR:                    DATE:


1._____

2._____

3._____

What is your favorite memory of your father (or
stepfather)?


_____

_____

_____

_____

_____

_____

_____

I AM GRATEFUL FOR:                DATE:

1. _____

2. _____

3. _____

I AM GRATEFUL FOR:                DATE:

1. _____

2. _____

3. _____

I AM GRATEFUL FOR:                DATE:


1. _____

2. _____

3. _____

## What is your favorite memory of your mother (or stepmother)?

_____

_____

_____

_____

_____

_____

_____

I AM GRATEFUL FOR:                    DATE:

1. _____

2. _____

3. _____

I AM GRATEFUL FOR:                    DATE:

1. _____

2. _____

3. _____

I AM GRATEFUL FOR:                    DATE:


1. _____

2. _____

3. _____

Describe your favorite pet (or former pet)?


_____
_____
_____
_____
_____
_____
_____

I AM GRATEFUL FOR:                    DATE:

1. _____

2. _____

3. _____

I AM GRATEFUL FOR:                    DATE:

1. _____

2. _____

3. _____

I AM GRATEFUL FOR:                    DATE:


1. _____

2. _____

3. _____

List 10 hobbies and activities that bring you joy.


_____

_____

_____

_____

_____

_____

_____

I AM GRATEFUL FOR:                DATE:

1. _____

2. _____

3. _____

I AM GRATEFUL FOR:                DATE:

1. _____

2. _____

3. _____

I AM GRATEFUL FOR:                DATE:

1. _____

2. _____

3. _____

Recall a mistake you have made, that ultimately led to a
positive experience.

_____

_____

_____

_____

_____

_____

_____

I AM GRATEFUL FOR:                    DATE:

1. _____

2._____

3._____

I AM GRATEFUL FOR:                    DATE:

1._____

2._____

3._____

I AM GRATEFUL FOR:                    DATE:


1. _____

2._____

3._____

Describe a family tradition that you are most grateful for.


_____

_____

_____

_____

_____

_____

_____

I AM GRATEFUL FOR:                    DATE:

1._____

2._____

3._____

I AM GRATEFUL FOR:                    DATE:

1._____

2._____

3._____

I AM GRATEFUL FOR:                    DATE:


1._____

2._____

3._____

Who is a teacher or mentor that has made an impact on
your life and how did they help you?


_____

_____

_____

_____

_____

_____

_____

I AM GRATEFUL FOR:                     DATE:

1._____

2._____

3._____

I AM GRATEFUL FOR:                     DATE:

1._____

2._____

3._____

I AM GRATEFUL FOR:                     DATE:


1._____

2._____

3._____

What do you like the most about your town or city?


_____

_____

_____

_____

_____

_____

_____

I AM GRATEFUL FOR:                    DATE:

1. _____

2._____

3._____

I AM GRATEFUL FOR:                    DATE:

1._____

2._____

3._____

I AM GRATEFUL FOR:                    DATE:


1. _____

2._____

3._____

Describe your favorite location in your house and why you
like it.


_____

_____

_____

_____

_____

_____

_____

I AM GRATEFUL FOR:                DATE:

1._____

2._____

3._____

I AM GRATEFUL FOR:                DATE:

1._____

2._____

3._____

I AM GRATEFUL FOR:                DATE:

1._____

2._____

3._____

What is one something you've learned this week that you're thankful for?

_____

_____

_____

_____

_____

_____

_____

I AM GRATEFUL FOR:                    DATE:

1. _____

2. _____

3. _____

I AM GRATEFUL FOR:                    DATE:

1. _____

2. _____

3. _____

I AM GRATEFUL FOR:                    DATE:


1. _____

2. _____

3. _____

## Who made you smile in the past 24 hours and why?

_____

_____

_____

_____

_____

_____

_____

I AM GRATEFUL FOR:                    DATE:

1._____

2._____

3._____

I AM GRATEFUL FOR:                    DATE:

1._____

2._____

3._____

I AM GRATEFUL FOR:                    DATE:


1._____

2._____

3._____

What is a recent purchase that has added value to your life?


_____

_____

_____

_____

_____

_____

_____

I AM GRATEFUL FOR:                    DATE:

1. _____

2. _____

3. _____

I AM GRATEFUL FOR:                    DATE:

1. _____

2. _____

3. _____

I AM GRATEFUL FOR:                    DATE:


1. _____

2. _____

3. _____

What is the biggest lesson you learned in childhood?


_____

_____

_____

_____

_____

_____

_____

I AM GRATEFUL FOR:                          DATE:

1. _____

2. _____

3. _____

I AM GRATEFUL FOR:                          DATE:

1. _____

2. _____

3. _____

I AM GRATEFUL FOR:                          DATE:


1. _____

2. _____

3. _____

List 10 ways you can share your gratitude with other people
in the next 24 hours.


_____

_____

_____

_____

_____

_____

_____

I AM GRATEFUL FOR:                    DATE:

1._____

2._____

3._____

I AM GRATEFUL FOR:                    DATE:

1._____

2._____

3._____

I AM GRATEFUL FOR:                    DATE:


1._____

2._____

3._____

Describe your favorite smell.


_____

_____

_____

_____

_____

_____

I AM GRATEFUL FOR:                    DATE:

1._____

2._____

3._____

I AM GRATEFUL FOR:                    DATE:

1._____

2._____

3._____

I AM GRATEFUL FOR:                    DATE:


1._____

2._____

3._____

Describe your favorite sound.


_____

_____

_____

_____

_____

_____

_____

I AM GRATEFUL FOR:                    DATE:

1. _____

2. _____

3. _____

I AM GRATEFUL FOR:                    DATE:

1. _____

2. _____

3. _____

I AM GRATEFUL FOR:                    DATE:


1. _____

2. _____

3. _____

Describe your favorite sight.


_____

_____

_____

_____

_____

_____

_____

I AM GRATEFUL FOR:                    DATE:

1._____

2._____

3._____

I AM GRATEFUL FOR:                    DATE:

1._____

2._____

3._____

I AM GRATEFUL FOR:                    DATE:


1._____

2._____

3._____

Describe your favorite taste.


_____

_____

_____

_____

_____

_____

I AM GRATEFUL FOR:                    DATE:
1._____

2._____

3._____

I AM GRATEFUL FOR:                    DATE:

1._____

2._____

3._____

I AM GRATEFUL FOR:                    DATE:

1._____

2._____

3._____

Describe your favorite sensation.

_____
_____
_____
_____
_____
_____
_____

I AM GRATEFUL FOR:                    DATE:

1._____

2._____

3._____

I AM GRATEFUL FOR:                    DATE:

1._____

2._____

3._____

I AM GRATEFUL FOR:                    DATE:


1._____

2._____

3._____

How can you pamper yourself in the next 24 hours?


_____

_____

_____

_____

_____

_____

_____

I AM GRATEFUL FOR:                    DATE:

1._____

2._____

3._____

I AM GRATEFUL FOR:                    DATE:

1._____

2._____

3._____

I AM GRATEFUL FOR:                    DATE:


1._____

2._____

3._____

Name and write about someone you've never met, but who
has helped your life in some way.

_____

_____

_____

_____

_____

_____

_____

I AM GRATEFUL FOR:                    DATE:

1._____

2._____

3._____

I AM GRATEFUL FOR:                    DATE:

1._____

2._____

3._____

I AM GRATEFUL FOR:                    DATE:


1._____

2._____

3._____

How is your life more positive today than it was a year ago?



_____

_____

_____

_____

_____

_____

_____

I AM GRATEFUL FOR:                    DATE:

1._____

2._____

3._____

I AM GRATEFUL FOR:                    DATE:

1._____

2._____

3._____

I AM GRATEFUL FOR:                    DATE:


1._____

2._____

3._____

Write about a teacher or mentor you're grateful for.


_____
_____
_____
_____
_____
_____
_____

I AM GRATEFUL FOR:                          DATE:

1._____

2._____

3._____

I AM GRATEFUL FOR:                          DATE:

1._____

2._____

3._____

I AM GRATEFUL FOR:                          DATE:


1._____

2._____

3._____

## What do other people like about you?


_____
_____
_____
_____
_____
_____
_____

I AM GRATEFUL FOR:                    DATE:

1. _____

2. _____

3. _____

I AM GRATEFUL FOR:                    DATE:

1. _____

2. _____

3. _____

I AM GRATEFUL FOR:                    DATE:


1. _____

2. _____

3. _____

List 10 skills you have that most people don't possess.


_____

_____

_____

_____

_____

_____

_____

I AM GRATEFUL FOR:                    DATE:

1. _____

2. _____

3. _____

I AM GRATEFUL FOR:                    DATE:

1. _____

2. _____

3. _____

I AM GRATEFUL FOR:                    DATE:


1. _____

2. _____

3. _____

Describe the last time someone helped you solve a problem at work.

_____

_____

_____

_____

_____

_____

_____

I AM GRATEFUL FOR:                    DATE:

1._____

2._____

3._____

I AM GRATEFUL FOR:                    DATE:

1._____

2._____

3._____

I AM GRATEFUL FOR:                    DATE:


1._____

2._____

3._____

## What is your favorite part of your daily routine?

_____
_____
_____
_____
_____
_____
_____

I AM GRATEFUL FOR:                    DATE:

1. _____

2. _____

3. _____

I AM GRATEFUL FOR:                    DATE:

1. _____

2. _____

3. _____

I AM GRATEFUL FOR:                    DATE:


1. _____

2. _____

3. _____

## What is a great book you've recently read?

_____

_____

_____

_____

_____

_____

_____

I AM GRATEFUL FOR:                    DATE:

1._____

2._____

3._____

I AM GRATEFUL FOR:                    DATE:

1._____

2._____

3._____

I AM GRATEFUL FOR:                    DATE:


1. _____

2._____

3._____

What is your favorite holiday and why do you love it?


_____

_____

_____

_____

_____

_____

_____

I AM GRATEFUL FOR:                    DATE:

1._____

2._____

3._____

I AM GRATEFUL FOR:                    DATE:

1._____

2._____

3._____

I AM GRATEFUL FOR:                    DATE:


1._____

2._____

3._____

What is your favorite T.V. show and why do you love it?


_____
_____
_____
_____
_____
_____
_____

I AM GRATEFUL FOR:                    DATE:

1._____

2._____

3._____

I AM GRATEFUL FOR:                    DATE:

1._____

2._____

3._____

I AM GRATEFUL FOR:                    DATE:


1._____

2._____

3._____

What is your favorite movie and why do you love it?


_____
_____
_____
_____
_____
_____
_____

I AM GRATEFUL FOR:                    DATE:

1. _____

2. _____

3. _____

I AM GRATEFUL FOR:                    DATE:

1. _____

2. _____

3. _____

I AM GRATEFUL FOR:                    DATE:


1. _____

2. _____

3. _____

What is your favorite way to enjoy nature?(i.e. walking in
the woods, sitting on the beach, etc.)

_____

_____

_____

_____

_____

_____

I AM GRATEFUL FOR:                    DATE:

1._____

2._____

3._____

I AM GRATEFUL FOR:                    DATE:

1._____

2._____

3._____

I AM GRATEFUL FOR:                    DATE:

1._____

2._____

3._____

Write about a recent obstacle you faced and how you
overcame it.

_____

_____

_____

_____

_____

_____

_____

I AM GRATEFUL FOR:                    DATE:

1. _____

2. _____

3. _____

I AM GRATEFUL FOR:                    DATE:

1. _____

2. _____

3. _____

I AM GRATEFUL FOR:                    DATE:


1. _____

2. _____

3. _____

Describe a favorite pet and what you love(d) about it.


_____

_____

_____

_____

_____

_____

_____

I AM GRATEFUL FOR:                    DATE:

1. _____

2. _____

3. _____

I AM GRATEFUL FOR:                    DATE:

1. _____

2. _____

3. _____

I AM GRATEFUL FOR:                    DATE:


1. _____

2. _____

3. _____

List 10 things you are looking forward to in the next year.


_____

_____

_____

_____

_____

_____

_____

I AM GRATEFUL FOR:                    DATE:

1. _____

2. _____

3. _____

I AM GRATEFUL FOR:                    DATE:

1. _____

2. _____

3. _____

I AM GRATEFUL FOR:                    DATE:


1. _____

2. _____

3. _____

What is your favorite food you love to indulge in?



_____
_____
_____
_____
_____
_____
_____

I AM GRATEFUL FOR:                    DATE:

1. _____

2. _____

3. _____

I AM GRATEFUL FOR:                    DATE:

1. _____

2. _____

3. _____

I AM GRATEFUL FOR:                    DATE:

1. _____

2. _____

3. _____

Write about someone who makes your life better.

_____
_____
_____
_____
_____
_____
_____

I AM GRATEFUL FOR:                    DATE:

1. _____

2. _____

3. _____

I AM GRATEFUL FOR:                    DATE:

1. _____

2. _____

3. _____

I AM GRATEFUL FOR:                    DATE:


1. _____

2. _____

3. _____

If you're single, what is your favorite part about being single? Or if you're married, what is your favorite part about being married?

_____

_____

_____

_____

_____

_____

_____

I AM GRATEFUL FOR:                DATE:

1. _____

2. _____

3. _____

I AM GRATEFUL FOR:                DATE:

1. _____

2. _____

3. _____

I AM GRATEFUL FOR:                DATE:


1. _____

2. _____

3. _____

What is today's weather and what is one positive thing you
can say about it?

_____

_____

_____

_____

_____

_____

_____

I AM GRATEFUL FOR:                    DATE:

1._____

2._____

3._____

I AM GRATEFUL FOR:                    DATE:

1._____

2._____

3._____

I AM GRATEFUL FOR:                    DATE:


1._____

2._____

3._____

Describe a weird family tradition that you love.


_____
_____
_____
_____
_____
_____
_____

I AM GRATEFUL FOR:                    DATE:

1. _____

2. _____

3. _____

I AM GRATEFUL FOR:                    DATE:

1. _____

2. _____

3. _____

I AM GRATEFUL FOR:                    DATE:


1. _____

2. _____

3. _____

When was the last time you had a genuine belly laugh and
why was it so funny?

_____

_____

_____

_____

_____

_____

_____

I AM GRATEFUL FOR:                    DATE:

1._____

2._____

3._____

I AM GRATEFUL FOR:                    DATE:

1._____

2._____

3._____

I AM GRATEFUL FOR:                    DATE:


1._____

2._____

3._____

What body part or organ are you most grateful for
today?(e.g., your eyes because you got to see a new movie)


_____

_____

_____

_____

_____

_____

I AM GRATEFUL FOR:                    DATE:

1._____

2._____

3._____

I AM GRATEFUL FOR:                    DATE:

1._____

2._____

3._____

I AM GRATEFUL FOR:                    DATE:


1._____

2._____

3._____

What is a major lesson that you learned from your job?


_____
_____
_____
_____
_____
_____
_____

I AM GRATEFUL FOR:                    DATE:

1._____

2._____

3._____

I AM GRATEFUL FOR:                    DATE:

1._____

2._____

3._____

I AM GRATEFUL FOR:                    DATE:


1. _____

2._____

3._____

List 10 items that you take for granted, which might not be available to people in other parts of the world.

_____

_____

_____

_____

_____

_____

_____

I AM GRATEFUL FOR:                    DATE:

1._____

2._____

3._____

I AM GRATEFUL FOR:                    DATE:

1._____

2._____

3._____

I AM GRATEFUL FOR:                    DATE:


1._____

2._____

3._____

What is the hardest thing you've had to do, which led to a major personal accomplishment?

_____

_____

_____

_____

_____

_____

_____

I AM GRATEFUL FOR:                    DATE:

1._____

2._____

3._____

I AM GRATEFUL FOR:                    DATE:

1._____

2._____

3._____

I AM GRATEFUL FOR:                    DATE:


1._____

2._____

3._____

What is one aspect about your health that you're more grateful for?


_____

_____

_____

_____

_____

_____

_____

I AM GRATEFUL FOR:                    DATE:

1._____

2._____

3._____

I AM GRATEFUL FOR:                    DATE:

1._____

2._____

3._____

I AM GRATEFUL FOR:                    DATE:


1. _____

2._____

3._____

Who can you count on whenever you need someone to talk
to and why?


_____
_____
_____
_____
_____
_____
_____

I AM GRATEFUL FOR:                    DATE:

1._____

2._____

3._____

I AM GRATEFUL FOR:                    DATE:

1._____

2._____

3._____

I AM GRATEFUL FOR:                    DATE:


1._____

2._____

3._____

Describe the last time you procrastinated on a task that
wasn't as difficult as you thought it would be.


_____

_____

_____

_____

_____

_____

_____

I AM GRATEFUL FOR:                    DATE:

1._____

2._____

3._____

I AM GRATEFUL FOR:                    DATE:

1._____

2._____

3._____

I AM GRATEFUL FOR:                    DATE:


1._____

2._____

3._____

What is your favorite habit and why it is an important part
of your daily routine?

_____

_____

_____

_____

_____

_____

_____

I AM GRATEFUL FOR:                          DATE:

1._____

2._____

3._____

I AM GRATEFUL FOR:                          DATE:

1._____

2._____

3._____

I AM GRATEFUL FOR:                          DATE:


1._____

2._____

3._____

Describe a "perfect day" that you recently had.


_____

_____

_____

_____

_____

_____

_____

I AM GRATEFUL FOR:                    DATE:

1. _____

2. _____

3. _____

I AM GRATEFUL FOR:                    DATE:

1. _____

2. _____

3. _____

I AM GRATEFUL FOR:                    DATE:


1. _____

2. _____

3. _____

Describe a funny YouTube video that you recently watched.



_____

_____

_____

_____

_____

_____

_____

I AM GRATEFUL FOR:                    DATE:

1. _____

2. _____

3. _____

I AM GRATEFUL FOR:                    DATE:

1. _____

2. _____

3. _____

I AM GRATEFUL FOR:                    DATE:

1. _____

2. _____

3. _____

List 10 qualities do you like about yourself.

_____

_____

_____

_____

_____

_____

_____

I AM GRATEFUL FOR:                    DATE:

1._____

2._____

3._____

I AM GRATEFUL FOR:                    DATE:

1._____

2._____

3._____

I AM GRATEFUL FOR:                    DATE:


1._____

2._____

3._____

What is one thing you look forward to enjoying each day
after work?


_____

_____

_____

_____

_____

_____

_____

I AM GRATEFUL FOR:                DATE:

1. _____

2. _____

3. _____

I AM GRATEFUL FOR:                DATE:

1. _____

2. _____

3. _____

I AM GRATEFUL FOR:                DATE:

1. _____

2. _____

3. _____

What was something you did for the first time recently?

_____

_____

_____

_____

_____

_____

_____

I AM GRATEFUL FOR:                DATE:

1. _____

2. _____

3. _____

I AM GRATEFUL FOR:                DATE:

1. _____

2. _____

3. _____

I AM GRATEFUL FOR:                DATE:


1. _____

2. _____

3. _____

What is one lesson you have learned from rude people?


_____

_____

_____

_____

_____

_____

_____

I AM GRATEFUL FOR:                    DATE:

1. _____

2. _____

3. _____

I AM GRATEFUL FOR:                    DATE:

1. _____

2. _____

3. _____

I AM GRATEFUL FOR:                    DATE:


1. _____

2. _____

3. _____

Shower or bath? Which do you prefer and why?


_____

_____

_____

_____

_____

_____

I AM GRATEFUL FOR:                    DATE:
1. _____

2._____

3._____

I AM GRATEFUL FOR:                    DATE:
1._____

2._____

3._____

I AM GRATEFUL FOR:                    DATE:


1. _____

2._____

3._____

Write about a time where you felt courageous.


_____

_____

_____

_____

_____

_____

_____

I AM GRATEFUL FOR:                    DATE:

1._____

2._____

3._____

I AM GRATEFUL FOR:                    DATE:

1._____

2._____

3._____

I AM GRATEFUL FOR:                    DATE:


1._____

2._____

3._____

What are a few ways you can appreciate your health
whenever you're sick?


_____

_____

_____

_____

_____

_____

I AM GRATEFUL FOR:                    DATE:
1. _____

2. _____

3. _____

I AM GRATEFUL FOR:                    DATE:

1. _____

2. _____

3. _____

I AM GRATEFUL FOR:                    DATE:


1. _____

2. _____

3. _____

What is a favorite drink that you like to enjoy each day?



_____

_____

_____

_____

_____

_____

_____

I AM GRATEFUL FOR:                    DATE:

1._____

2._____

3._____

I AM GRATEFUL FOR:                    DATE:

1._____

2._____

3._____

I AM GRATEFUL FOR:                    DATE:


1._____

2._____

3._____

Who has forgiven you for a mistake you've made in the past?

_____

_____

_____

_____

_____

_____

_____

I AM GRATEFUL FOR:        DATE:

1. _____

2. _____

3. _____

I AM GRATEFUL FOR:        DATE:

1. _____

2. _____

3. _____

I AM GRATEFUL FOR:        DATE:

1. _____

2. _____

3. _____

List 10 things you have now that you didn't have 5 years ago.

_____

_____

_____

_____

_____

_____

_____

# I AM GRATEFUL FOR:                    DATE:

1. _____

2. _____

3. _____

# I AM GRATEFUL FOR:                    DATE:

1. _____

2. _____

3. _____

# I AM GRATEFUL FOR:                    DATE:


1. _____

2. _____

3. _____

## What aspects of your job do you enjoy the most?


_____

_____

_____

_____

_____

_____

_____

I AM GRATEFUL FOR:                    DATE:
1. _____

2._____

3._____

I AM GRATEFUL FOR:                    DATE:

1._____

2._____

3._____

I AM GRATEFUL FOR:                    DATE:


1. _____

2._____

3._____

What is something positive you can learn from one of your
negative qualities?(i.e. Being anxious means you're really
good at planning things out.)

_____

_____

_____

_____

_____

_____

_____

I AM GRATEFUL FOR:                    DATE:

1. _____

2. _____

3. _____

I AM GRATEFUL FOR:                    DATE:

1. _____

2. _____

3. _____

I AM GRATEFUL FOR:                    DATE:


1. _____

2. _____

3. _____

What are a few aspects of modern technology that you love?


_____

_____

_____

_____

_____

_____

_____

I AM GRATEFUL FOR:                    DATE:

1. _____

2. _____

3. _____

I AM GRATEFUL FOR:                    DATE:

1. _____

2. _____

3. _____

I AM GRATEFUL FOR:                    DATE:


1. _____

2. _____

3. _____

Describe a recent time when you truly felt at peace.



_____

_____

_____

_____

_____

_____

_____

# I AM GRATEFUL FOR:                    DATE:

1._____

2._____

3._____

# I AM GRATEFUL FOR:                    DATE:

1._____

2._____

3._____

# I AM GRATEFUL FOR:                    DATE:

1._____

2._____

3._____

What is your favorite quote or bit of wisdom that you like to
frequently share with others?

_____

_____

_____

_____

_____

_____

_____

I AM GRATEFUL FOR:                    DATE:

1._____

2._____

3._____

I AM GRATEFUL FOR:                    DATE:

1._____

2._____

3._____

I AM GRATEFUL FOR:                    DATE:


1._____

2._____

3._____

What is your favorite sports team? Describe a cherished
memory you have when cheering for this team.


_____

_____

_____

_____

_____

_____

_____

I AM GRATEFUL FOR:                    DATE:

1._____

2._____

3._____

I AM GRATEFUL FOR:                    DATE:

1._____

2._____

3._____

I AM GRATEFUL FOR:                    DATE:


1._____

2._____

3._____

Are you a morning person or a night owl? What do you love
most about this part of the day?


_____

_____

_____

_____

_____

_____

_____

I AM GRATEFUL FOR:                    DATE:

1. _____

2. _____

3. _____

I AM GRATEFUL FOR:                    DATE:

1. _____

2. _____

3. _____

I AM GRATEFUL FOR:                    DATE:


1. _____

2. _____

3. _____

What is the last thank you note you've received and why?


_____
_____
_____
_____
_____
_____
_____

I AM GRATEFUL FOR:                DATE:

1. _____

2. _____

3. _____

I AM GRATEFUL FOR:                DATE:

1. _____

2. _____

3. _____

I AM GRATEFUL FOR:                DATE:


1. _____

2. _____

3. _____

## List 10 of your favorite possessions.

_____

_____

_____

_____

_____

_____

_____

I AM GRATEFUL FOR:                    DATE:
1. _____
2. _____
3. _____

I AM GRATEFUL FOR:                    DATE:
1. _____
2. _____
3. _____

I AM GRATEFUL FOR:                    DATE:

1. _____
2. _____
3. _____

What is a small win that you accomplished in the past 24 hours?

_____
_____
_____
_____
_____
_____
_____

I AM GRATEFUL FOR:               DATE:

1. _____

2. _____

3. _____

I AM GRATEFUL FOR:               DATE:

1. _____

2. _____

3. _____

I AM GRATEFUL FOR:               DATE:


1. _____

2. _____

3. _____

Describe one thing that you like about your daily commute to work?


_____

_____

_____

_____

_____

_____

_____

I AM GRATEFUL FOR:                    DATE:

1. _____

2. _____

3. _____

I AM GRATEFUL FOR:                    DATE:

1. _____

2. _____

3. _____

I AM GRATEFUL FOR:                    DATE:


1. _____

2. _____

3. _____

What is a personal viewpoint that positively defines you as
a person?

_____

_____

_____

_____

_____

_____

_____

I AM GRATEFUL FOR:                    DATE:

1._____

2._____

3._____

I AM GRATEFUL FOR:                    DATE:

1._____

2._____

3._____

I AM GRATEFUL FOR:                    DATE:


1._____

2._____

3._____

Describe an experience that was painful, but made you a stronger person.


_____

_____

_____

_____

_____

_____

I AM GRATEFUL FOR:                    DATE:

1._____

2._____

3._____

I AM GRATEFUL FOR:                    DATE:

1._____

2._____

3._____

I AM GRATEFUL FOR:                    DATE:

1._____

2._____

3._____

## What makes you beautiful?

_____

_____

_____

_____

_____

_____

_____

I AM GRATEFUL FOR:                    DATE:

1._____

2._____

3._____

I AM GRATEFUL FOR:                    DATE:

1._____

2._____

3._____

I AM GRATEFUL FOR:                    DATE:


1. _____

2._____

3._____

Describe a small, everyday thing that you enjoy with a
special person in your life.

_____

_____

_____

_____

_____

_____

_____

I AM GRATEFUL FOR:                    DATE:

1._____

2._____

3._____

I AM GRATEFUL FOR:                    DATE:

1._____

2._____

3._____

I AM GRATEFUL FOR:                    DATE:


1._____

2._____

3._____

What is an app or piece of technology that you use every day which adds value to your life?

_____

_____

_____

_____

_____

_____

_____

I AM GRATEFUL FOR:                    DATE:

1._____

2._____

3._____

I AM GRATEFUL FOR:                    DATE:

1._____

2._____

3._____

I AM GRATEFUL FOR:                    DATE:


1._____

2._____

3._____

List 10 things you like about your job or workplace.


_____

_____

_____

_____

_____

_____

_____

# I AM GRATEFUL FOR:                    DATE:

1. _____

2. _____

3. _____

# I AM GRATEFUL FOR:                    DATE:

1. _____

2. _____

3. _____

# I AM GRATEFUL FOR:                    DATE:

1. _____

2. _____

3. _____

Describe a favorite outfit and why you feel great when wearing it.

_____

_____

_____

_____

_____

_____

_____

I AM GRATEFUL FOR:                    DATE:

1._____

2._____

3._____

I AM GRATEFUL FOR:                    DATE:

1._____

2._____

3._____

I AM GRATEFUL FOR:                    DATE:


1._____

2._____

3._____

What activity do you enjoy most when alone?


_____

_____

_____

_____

_____

_____

_____

I AM GRATEFUL FOR:                    DATE:

1. _____

2. _____

3. _____

I AM GRATEFUL FOR:                    DATE:

1. _____

2. _____

3. _____

I AM GRATEFUL FOR:                    DATE:


1. _____

2. _____

3. _____

Describe your oldest friend. What do you like most about this person?

_____

_____

_____

_____

_____

_____

_____

I AM GRATEFUL FOR:                      DATE:

1. _____

2. _____

3. _____

I AM GRATEFUL FOR:                      DATE:

1. _____

2. _____

3. _____

I AM GRATEFUL FOR:                      DATE:


1. _____

2. _____

3. _____

How have you recently cared for your physical wellbeing?


_____

_____

_____

_____

_____

_____

_____

I AM GRATEFUL FOR:                    DATE:

1._____

2._____

3._____

I AM GRATEFUL FOR:                    DATE:

1._____

2._____

3._____

I AM GRATEFUL FOR:                    DATE:


1._____

2._____

3._____

How have you recently cared for your mental wellbeing?


_____

_____

_____

_____

_____

_____

_____

I AM GRATEFUL FOR:                DATE:

1. _____

2._____

3._____

I AM GRATEFUL FOR:                DATE:

1._____

2._____

3._____

I AM GRATEFUL FOR:                DATE:


1. _____

2._____

3._____

When you were a child, what did you want to be when you grew up?


_____

_____

_____

_____

_____

_____

_____

I AM GRATEFUL FOR:                    DATE:

1._____

2._____

3._____

I AM GRATEFUL FOR:                    DATE:

1._____

2._____

3._____

I AM GRATEFUL FOR:                    DATE:


1._____

2._____

3._____

What is your favorite charity and why do you support it?


_____

_____

_____

_____

_____

_____

_____

I AM GRATEFUL FOR:                    DATE:

1._____

2._____

3._____

I AM GRATEFUL FOR:                    DATE:

1._____

2._____

3._____

I AM GRATEFUL FOR:                    DATE:


1._____

2._____

3._____

Write about a challenging person in your life and the
qualities you like about this person.


_____

_____

_____

_____

_____

_____

_____

I AM GRATEFUL FOR:                    DATE:

1._____

2._____

3._____

I AM GRATEFUL FOR:                    DATE:

1._____

2._____

3._____

I AM GRATEFUL FOR:                    DATE:

1._____

2._____

3._____

List 10 things you like the most about your country.

_____

_____

_____

_____

_____

_____

_____

I AM GRATEFUL FOR:                    DATE:

1. _____

2. _____

3. _____

I AM GRATEFUL FOR:                    DATE:

1. _____

2. _____

3. _____

I AM GRATEFUL FOR:                    DATE:


1. _____

2. _____

3. _____

What book are you most grateful for having read?


_____

_____

_____

_____

_____

_____

I AM GRATEFUL FOR:                    DATE:

1. _____

2. _____

3. _____

I AM GRATEFUL FOR:                    DATE:

1. _____

2. _____

3. _____

I AM GRATEFUL FOR:                    DATE:


1. _____

2. _____

3. _____

What hobbies (or activities) would you miss if you could no longer do them?

_____

_____

_____

_____

_____

_____

_____

I AM GRATEFUL FOR:                    DATE:

1._____

2._____

3._____

I AM GRATEFUL FOR:                    DATE:

1._____

2._____

3._____

I AM GRATEFUL FOR:                    DATE:


1. _____

2._____

3._____

What is something you love(d) about your father (or step-father)?


_____
_____
_____
_____
_____
_____
_____

I AM GRATEFUL FOR:                    DATE:

1._____

2._____

3._____

I AM GRATEFUL FOR:                    DATE:

1._____

2._____

3._____

I AM GRATEFUL FOR:                    DATE:


1._____

2._____

3._____

What is something you love(d) about your mother (or step-mother)?

_____

_____

_____

_____

_____

_____

_____

I AM GRATEFUL FOR:                    DATE:

1. _____

2. _____

3. _____

I AM GRATEFUL FOR:                    DATE:

1. _____

2. _____

3. _____

I AM GRATEFUL FOR:                    DATE:


1. _____

2. _____

3. _____

Where was your last vacation? Describe what you did there.



_____

_____

_____

_____

_____

_____

I AM GRATEFUL FOR:                    DATE:

1. _____

2. _____

3. _____

I AM GRATEFUL FOR:                    DATE:

1. _____

2. _____

3. _____

I AM GRATEFUL FOR:                    DATE:


1. _____

2. _____

3. _____

What is something that comes easily to you, but is
challenging for others?

_____

_____

_____

_____

_____

_____

_____

I AM GRATEFUL FOR:                    DATE:

1. _____

2. _____

3. _____

I AM GRATEFUL FOR:                    DATE:

1. _____

2. _____

3. _____

I AM GRATEFUL FOR:                    DATE:


1. _____

2. _____

3. _____

What is something that you've recently fixed?


_____

_____

_____

_____

_____

_____

_____

I AM GRATEFUL FOR:                    DATE:

1. _____

2. _____

3. _____

I AM GRATEFUL FOR:                    DATE:

1. _____

2. _____

3. _____

I AM GRATEFUL FOR:                    DATE:


1. _____

2. _____

3. _____

Describe something positive in your life that you didn't have
five years ago.

_____

_____

_____

_____

_____

_____

_____

I AM GRATEFUL FOR:                    DATE:

1._____

2._____

3._____

I AM GRATEFUL FOR:                    DATE:

1._____

2._____

3._____

I AM GRATEFUL FOR:                    DATE:


1. _____

2._____

3._____

What makes you happy when you're feeling down?


_____

_____

_____

_____

_____

_____

I AM GRATEFUL FOR:                      DATE:
1._____

2._____

3._____

I AM GRATEFUL FOR:                      DATE:

1._____

2._____

3._____

I AM GRATEFUL FOR:                      DATE:


1._____

2._____

3._____

List 10 major life accomplishments that you're proud to
have achieved.


_____
_____
_____
_____
_____
_____
_____

I AM GRATEFUL FOR:                    DATE:

1._____

2._____

3._____

I AM GRATEFUL FOR:                    DATE:

1._____

2._____

3._____

I AM GRATEFUL FOR:                    DATE:

1._____

2._____

3._____

What artist, musician, or author are you most grateful for?

_____

_____

_____

_____

_____

_____

_____

I AM GRATEFUL FOR:                    DATE:

1. _____

2. _____

3. _____

I AM GRATEFUL FOR:                    DATE:

1. _____

2. _____

3. _____

I AM GRATEFUL FOR:                    DATE:

1. _____

2. _____

3. _____

## What do you love most about the current season?

_____

_____

_____

_____

_____

_____

_____

I AM GRATEFUL FOR:                DATE:

1._____

2._____

3._____

I AM GRATEFUL FOR:                DATE:

1._____

2._____

3._____

I AM GRATEFUL FOR:                DATE:


1._____

2._____

3._____

What gift did you enjoy receiving in the past year?


_____

_____

_____

_____

_____

_____

_____

I AM GRATEFUL FOR:                    DATE:

1._____

2._____

3._____

I AM GRATEFUL FOR:                    DATE:

1._____

2._____

3._____

I AM GRATEFUL FOR:                    DATE:

1._____

2._____

3._____

## What freedoms are you most grateful for?

_____

_____

_____

_____

_____

_____

## I AM GRATEFUL FOR:                    DATE:

1. _____

2. _____

3. _____

## I AM GRATEFUL FOR:                    DATE:

1. _____

2. _____

3. _____

## I AM GRATEFUL FOR:                    DATE:


1. _____

2. _____

3. _____

Look around the room and list all the items that you're
grateful for.


_____

_____

_____

_____

_____

_____

_____

I AM GRATEFUL FOR:                    DATE:

1. _____

2. _____

3. _____

I AM GRATEFUL FOR:                    DATE:

1. _____

2. _____

3. _____

I AM GRATEFUL FOR:                    DATE:


1. _____

2. _____

3. _____

What fear are you currently facing? How can you use this
fear to your advantage?

_____

_____

_____

_____

_____

_____

_____

# I AM GRATEFUL FOR:                    DATE:

1._____

2._____

3._____

# I AM GRATEFUL FOR:                    DATE:

1._____

2._____

3._____

# I AM GRATEFUL FOR:                    DATE:


1._____

2._____

3._____

What is your top goal? Why is this goal important to you?


_____

_____

_____

_____

_____

_____

_____

I AM GRATEFUL FOR:                 DATE:
1._____

2._____

3._____

I AM GRATEFUL FOR:                 DATE:

1._____

2._____

3._____

I AM GRATEFUL FOR:                 DATE:


1._____

2._____

3._____

What is your favorite emotion to feel?


_____
_____
_____
_____
_____
_____
_____

I AM GRATEFUL FOR:                    DATE:

1._____

2._____

3._____

I AM GRATEFUL FOR:                    DATE:

1._____

2._____

3._____

I AM GRATEFUL FOR:                    DATE:


1._____

2._____

3._____

What is one of your personality traits that you are grateful
for?


_____

_____

_____

_____

_____

_____

_____

I AM GRATEFUL FOR:                    DATE:

1._____

2._____

3._____

I AM GRATEFUL FOR:                    DATE:

1._____

2._____

3._____

I AM GRATEFUL FOR:                    DATE:


1._____

2._____

3._____

## What makes you happy to be alive?


_____

_____

_____

_____

_____

_____

_____

I AM GRATEFUL FOR:                    DATE:

1. _____

2. _____

3. _____

I AM GRATEFUL FOR:                    DATE:

1. _____

2. _____

3. _____

I AM GRATEFUL FOR:                    DATE:


1. _____

2. _____

3. _____

Describe a family tradition that you are most grateful for.



_____

_____

_____

_____

_____

_____

I AM GRATEFUL FOR:                     DATE:

1._____

2._____

3._____

I AM GRATEFUL FOR:                     DATE:

1._____

2._____

3._____

I AM GRATEFUL FOR:                     DATE:


1._____

2._____

3._____

What do you like most about your town or city?


_____

_____

_____

_____

_____

_____

_____

I AM GRATEFUL FOR: DATE:

1._____

2._____

3._____

I AM GRATEFUL FOR: DATE:

1._____

2._____

3._____

I AM GRATEFUL FOR: DATE:

1._____

2._____

3._____

Who made you smile in the past 24 hours and why?

_____

_____

_____

_____

_____

_____

I AM GRATEFUL FOR:                DATE:

1._____

2._____

3._____

I AM GRATEFUL FOR:                DATE:

1._____

2._____

3._____

I AM GRATEFUL FOR:                DATE:


1. _____

2._____

3._____

What is a recent purchase that has added value to your life?


_____

_____

_____

_____

_____

_____

_____

I AM GRATEFUL FOR:                    DATE:

1. _____

2. _____

3. _____

I AM GRATEFUL FOR:                    DATE:

1. _____

2. _____

3. _____

I AM GRATEFUL FOR:                    DATE:


1. _____

2. _____

3. _____

Describe your favorite location in your house and why you like it?


_____

_____

_____

_____

_____

_____

_____

Made in the USA
Lexington, KY
01 June 2019